CAMPAGNE DU MAROC

TANGER. -- ISLY. -- MOGADOR

1844

RÉCITS MILITAIRES

PAR

ACHILLE FILLIAS

ALGER
TYPOGRAPHIE ET LITHOGRAPHIE A. BOUYER
23, rue Bab-Azoun, 23

1881

CAMPAGNE DU MAROC

TANGER. -- ISLY. -- MOGADOR

1844

Récits Militaires

PAR

ACHILLE FILLIAS

ALGER
TYPOGRAPHIE ET LITHOGRAPHIE A. BOUYER
22, rue Bab-Azoun, 22

1881

RÉCITS MILITAIRES

CAMPAGNE DU MAROC

1844

I. AVANT-PROPOS.

Après la prise de sa Smala (16 mai 1843) et la mort du plus fidèle de ses Lieutenants,(1) Abd-el-Kader, à bout de ressources et découragé, se retira au delà de nos frontières, à quelques lieues d'Ouchda.

Il ne pouvait choisir retraite plus sûre : la population au milieu de laquelle il allait vivre — Beni-Snassen, Beni-Mengouch, Ouled-el-Abbès et Ouled-Azzouz — n'est pas seulement la plus fanatique du Maroc; elle en est encore la plus sauvage. Elle devait accueillir et elle accueillit avec enthousiasme celui qui, depuis dix ans, faisait aux Chrétiens une guerre implacable.

Mais pour retrouver le prestige qu'il avait perdu, il fallait à l'Emir d'autres alliés que des coupeurs de routes; aussi, et tout en ménageant l'orgueil des Riffains, ce fut aux Marabouts qu'il s'adressa : — Eux seuls, disait-il, pouvaient ranimer le zèle attiédi des Fidèles, et s'il réclamait leur appui au nom sacré du Prophète, c'est que l'heure était venue de déployer les Saints Étendards et de venger l'Islamisme.

Ce langage enflamma les cœurs : les Mekkaddems s'en allèrent de ville en ville recruter des auxiliaires

(1) Le Khalifa Sidi Embareck, tué, le 11 novembre 1843, au combat de l'Oued-Malah.

et bientôt, grâce à leur actif concours, Abd-el-Kader vit se grouper autour de lui les Chefs les plus influents des ordres religieux de Mouley-Taïeb et des Aïssaoua.

L'agitation gagna de proche en proche toutes les tribus du Maghreb et s'étendit jusqu'à l'Océan, — sourde au début, menaçante au fur et à mesure qu'elle grandissait, et d'autant plus redoutable à la Cour de Fez qu'en pays musulman les intérêts de la religion se confondent toujours avec ceux de la politique.

L'Empereur Muley Abd-er-Rhaman ne vit d'abord, ou ne voulut voir, dans l'effervescence populaire qu'un orage passager : l'attitude hautaine des marabouts lui ouvrit les yeux. — Pour sauver sa couronne, désormais en jeu, il enjoignit à ses Khalifas de se tenir prêts à entrer en campagne et prescrivit au caïd d'Ouchda, Si El Guennaoui, de pourvoir à l'entretien des troupes qu'il dirigeait sur la frontière.

Mais pour rompre ainsi avec la France, il fallait un prétexte ; — ce prétexte, Abd-el-Kader le trouva :

Le général La Moricière, qui commandait la province d'Oran, venait d'établir un camp retranché à *Lalla-Maghrnia,* à soixante kilomètres ouest de Tlemcen. Ce poste-caserne, construit près de l'Oued-Derfou, affluent de la Mouïla et placé comme une sentinelle avancée à l'entrée du désert d'Angad, devait relier Nemours à Tlemcen par une route stratégique : il assurait, en outre, le ravitaillement de nos colonnes.

Abd-el-Kader fit entendre aux marocains que la présence des troupes françaises sur ce point du territoire constituait une véritable invasion, — la frontière de l'Empire étant déterminée suivant d'anciennes conventions, non, disait-il, par le cours de l'Oued-Adjeroud, mais par celui de la Tafna. Guennaoui le crut sur parole et somma La Moricière d'évacuer immédiatement la place.

Sur ces entrefaites, un des membres de la famille Impériale, Sidi-Mamoun, venant de Fez avec cinq cents cavaliers qui servaient d'avant-garde, entra dans Ouchda (30 mai), où se trouvaient déjà les contingents du Riff. — « Il lui tardait », dit-il en arrivant, « de voir de près l'armée des Infidèles » : et le même jour, suivi de son escorte à laquelle s'étaient réunis les goums des Hamyans et quelques centaines de piétons, il se dirigea sur Lalla-Maghrnia.

Il est à croire que Sidi-Mamoun, en agissant ainsi, voulait faire simplement acte de bravade, sans qu'il entrât dans son esprit qu'une collision pût s'en suivre: Il fut promptement désabusé. Dès qu'ils aperçurent nos grand'-gardes, ses fantassins tirèrent sur elles et sa cavalerie s'élança à fond de train dans la direction du camp.

Au bruit de la fusillade, La Moricière avait rassemblé ses hommes et s'était porté en toute hâte au devant des Marocains. Le général Bedeau, avec les zouaves, les 8e et 9e bataillons de chasseurs d'Orléans, tenait la droite. Le colonel Roguet, avec le 10e bataillon de chasseurs et deux bataillons de son régiment (41e de ligne), tenait la gauche. Le colonel Morris (2e chasseurs d'Afrique) fermait la marche avec cinq escadrons formés en colonne par pelotons.

Les assaillants, qui cherchaient à envelopper notre infanterie, se heurtèrent contre les bataillons de droite et, pendant trois-quarts d'heure, soutinrent hardiment le feu. Mais au moment où le combat était le plus vif, les chasseurs d'Afrique débouchant par la gauche traversèrent la plaine au galop et s'abattirent comme une avalanche sur la cavalerie marocaine dont le centre fut littéralement écrasé.

Ce mouvement décida de l'action : une partie de la troupe de Si Mamoun, acculée entre nos tirailleurs et une bande de rochers, fut sabrée sur toute la ligne ; le reste s'enfuit.

Deux jours auparavant, le Maréchal Bugeaud désirant surveiller de près les menées d'Abd-el-Kader (1) avait quitté Alger (28 mai) et transporté son quartier général à Oran. Il y reçut, coup sur coup, plusieurs dépêches de La Moricière annonçant l'ouverture des hostilités et lui demandant des instructions — « La poudre est dans l'air, écrivait le général, et l'Emir y mettra certainement le feu ! »

Le Maréchal voulut juger par lui-même de l'état des choses, et après avoir assuré le service de la milice provinciale, il partit pour Lalla-Maghrnia, où il arrivait le 12 juin : — les trois colonnes qui manœuvraient entre Sebdou, Tlemcen et Nemours devaient, en cas de besoin, l'y rejoindre à marches forcées.

La violation de notre territoire dans les circonstances que nous venons de rapporter exigeait incontestablement de promptes représailles : on s'attendait donc à voir le Gouverneur général prendre immédiatement l'offensive. Il n'en fut rien. C'est que Bugeaud n'était pas seulement un homme de guerre : c'était un adroit politique. Il savait qu'en France l'opinion se prononçait ouvertement contre une expédition dont la

(1) Tandis qu'on guerroyait ainsi du côté du Maroc, le Maréchal était en Kabylie, où, à la tête de 7.000 hommes, il châtiait les Flissas-El-Bahr et les Beni-Djennad : — Dès que ces deux puissantes tribus eûrent demandé l'aman, et au reçu des nouvelles qui lui venaient de l'Ouest, il prit avec lui une partie des troupes de la division d Alger et s'embarqua pour Oran.

nécessité échappait au public ; et, connaissant de longue date le soin que prenait Louis-Philippe d'éviter tout conflit avec l'Angleterre, il préfèra temporiser.

Le but principal, — le seul but, pourrait-on dire, — qu'il poursuivait à ce moment là, c'était de détacher Abd-er-Rhaman du parti de l'Emir. Il crut pouvoir l'atteindre en traitant la question par voie diplomatique et fit demander à Guennaoui une conférence, afin de régler d'un commun accord tous les points en litige. Celui-ci accepta. Rendez-vous fut pris pour le 15 juin, au Marabout de Sidi-Mohamed Ouissini, sur l'Oued-Mouïla, à trois kilomètres du camp français.

Au jour convenu, à sept heures du matin, le général Bedeau, qui était chargé de représenter le Gouverneur, arrivait à l'endroit désigné, accompagné seulement de deux interprètes et du caïd de Tlemcen : — pour témoigner de sa confiance dans la loyauté de son adversaire, il avait laissé à deux cents pas derrière lui les escadrons de chasseurs et les quatre bataillons d'infanterie qui lui servaient d'escorte.

Guennaoui l'attendait, — mais non pas seul : il avait pour garde, à portée de la voix, 5.000 cavaliers et 600 fantassins.

La conférence dura peu. Les Marocains, excités par la vue de nos uniformes, entourèrent les parlementaires en poussant des cris de mort contre « les *chiens de chrétiens* » et presque aussitôt ouvrirent le feu. Vainement Guennaoui s'efforça de les contenir ; il se sentit débordé et, pour couper court à toute discussion, fit connaître son ultimatum : « Si les Français, dit-il, ne se retiraient pas immédiatement derrière la Tafna, limite que leur assignait son Maître, il avait ordre de leur déclarer la guerre. »

Le général Bedeau n'avait point à relever cet insolent défi ; il rompit les pourparlers et regagna sa suite : à peine avait-il commencé son mouvement de retraite qu'un gros de cavaliers fondit sur l'arrière-garde.

En entendant la mousquetterie, Bugeaud comprit de suite ce qui s'était passé : sans perdre une minute, il réunit quatre bataillons, six pièces de montagne, toute la cavalerie disponible et se porta au pas de course à la rencontre de l'ennemi. Il était temps qu'il arrivât....

La troupe du général Bedeau faisant volte-face prit la tête de la colonne, et l'infanterie, ainsi doublée, se forma en échelons sur le centre, la cavalerie se tenant en réserve dans le rentrant de l'angle. Dès que ce mouvement fut achevé, le bataillon du centre, sur lequel se réglaient les autres, reçut l'ordre de manœuvrer de manière à laisser entre la ligne de bataille et l'Oued-Mouïla une distance de 1.200 mètres. Ces dispositions prises, les tambours battirent la charge et le combat commença.

Aux premiers coups de canons, l'infanterie marocaine se débanda ; — La cavalerie tint bon pendant un moment, mais peu à peu le centre et la droite fléchirent, puis se replièrent en désordre, laissant la gauche aux prises avec nos bataillons de droite, en avant de la rivière. C'est ce qu'attendait le Maréchal.

Au signal donné, la cavalerie s'ébranle : le premier échelon commandé par le colonel Jusuf et composé de deux escadrons de spahis, de deux escadrons de chasseurs et du goum des douairs, se dirige d'abord obliquement à droite, puis faisant brusquement tête de colonne à droite, tombe sur l'ennemi, culbutant tout ce qu'il rencontre sur son passage. Les deux autres échelons suivent de près : en un clin d'œil la plaine est balayée, et l'armée de Guennaoui cherche son salut dans la fuite, laissant sur place plus de trois cents cadavres.

La leçon était rude : Bugeaud pensa, cependant, qu'elle ne suffisait point et il fit prévenir Guennaoui qu'il allait marcher sur Ouchda :

« .... Après ce qui vient de se passer, lui écrivit-il, j'aurais le droit de pénétrer au loin sur le territoire de ton Maître, de brûler vos villes, vos villages et vos moissons ; mais je veux encore te prouver mon humanité et ma modération, parce que je suis convaincu que l'Empereur Abd-er-Rhaman ne vous a pas ordonné de vous conduire comme vous l'avez fait, et que même il blâmera votre conduite.

« Je veux me contenter d'aller à Ouchda, non pour le détruire mais pour faire comprendre à nos tribus, qui s'y sont réfugiées parceque vous les avez excitées à la rébellion, que je puis les atteindre partout, et que mon intention est de les ramener à l'obéissance par tous les moyens. »

Guennaoui répondit en protestant de son vif désir de voir cesser les hostilités, mais sans prendre aucun engagement pour l'avenir. Bugeaud, à bout de patience, mit sa menace à exécution. Le 19 juin, il entrait à Ouchda (1) sans brûler une amorce. Fidèle à l'engagement qu'il avait pris, il épargna la ville et en repartit le 21, suivi des débris de la deïra de l'Emir et d'un millier d'émigrés qui demandèrent à rentrer à Tlemcen.

Cette marche militaire, si tranquillement exécutée, aggrava la situation. Abd-el-Kader, trompant la sur-

(1) *Ouchda*, dont il est souvent question, — encore aujourd'hui, — est une bourgade entourée de murs et protégée par une forteresse où réside le caïd ; — Population, 1.000 à 1.200 habitants.

Les maisons, construites en pisé, sont basses et d'aspect misérable, les rues tortueuses et semées de cailloux.—Une source, voisine de la ville, entretient toute l'année la verdure et la fraîcheur dans les jardins, où elle est distribuée par un ingénieux système d'irrigation.

veillance de nos avant-postes, pénétra dans le Djebel-Amour et s'efforça d'entraîner à sa suite les Arabes du Sud. Pas une tribu ne fit défection ; mais toutes, ou presque toutes, s'engagèrent à le rejoindre le jour où nos troupes seraient aux prises avec celles du Chériff. Cette promesse lui suffit : au fond, elle laissait entrevoir comme prochaine une insurrection générale et il n'osait espérer plus. — Abd-er-Rhaman, de son côté, voyant l'orage s'amonceler, appela près de lui, avec leurs maghzen, tous les gouverneurs de provinces, ordonna la levée en masse de tous les hommes valides et, après avoir solennellement proclamé la guerre sainte, confia à son fils aîné, Muley-Mohamed, le commandement en chef de l'armée.

A partir de ce moment, la question marocaine préoccupa au même degré le gouvernement de la France et celui de l'Angleterre :

En France, l'opinion publique, justement froissée de l'attitude malveillante que la presse anglaise avait prise au début du conflit, approuva, par un retour subit, ce qu'elle condamnait la veille et se prononça résolument pour le Gouverneur général. Le Ministère fit de même et se tint prêt à tout évènement. Son premier soin fut d'arracher à un massacre probable ceux de nos Agents consulaires qui résidaient dans les ports de l'Empire :

Le prince de Joinville, qui commandait une escadre volante et se trouvait dans les eaux de Cadix (12 juin), reçut l'ordre de se rendre à Tanger et de prendre à son bord, pour les conduire en Espagne, notre Consul général, M. de Nyon, et tous nos nationaux. Ordre semblable, en ce qui concernait les agents secondaires des Consulats, était donné au commandant du *Véloce*, qui descendit la côte occidentale du Maroc jusqu'à Mogador.

Avant de quitter sa résidence, M. de Nyon avait transmis officiellement à la Cour de Fez l'ultimatum adressé par le Maréchal Bugeaud à El-Guennaoui, — ultimatum ainsi conçu :

« La France veut conserver la limite de la frontière qu'avaient les Turcs, et Abd-el-Kader après eux. Elle ne veut rien de ce qui est à vous; mais :

« Elle veut que vous ne receviez plus Abd-el-Kader pour lui donner des secours, le raviver quand il est presque mort, et le lancer sur nous. Cela n'est pas de la bonne amitié; c'est de la guerre. et vous nous la faites ainsi depuis deux ans.

« Elle veut aussi que vous fassiez interner dans l'Ouest de l'Empire les chefs qui ont servi Abd-el-Kader; que vous fassiez disperser ses troupes régulières ; que vous ne receviez plus les tribus qui émigrent de notre territoire, et que vous renvoyiez chez elles les tribus qui se sont réfugiées chez vous. — Nous nous obligeons aux mêmes procédés à votre égard, si l'occasion se présente. Voilà ce qui s'appelle observer les règles de bonne amitié entre deux nations.

« A ces conditions, nous serons vos amis ; nous favoriserons votre commerce et le gouvernement d'Abd-er-Rhaman, autant qu'il sera en notre pouvoir. Si vous voulez faire le contraire, nous serons vos ennemis. »

On lira plus loin l'insolente réponse faite par le Chériff à cette déclaration : mais il nous faut d'abord rappeler ce qui se disait, en plein Parlement, à Paris et à Londres.

II.

L'envoi d'une escadre française à Tanger sous le commandement du prince de Joinville avait causé dans toute la Grande-Bretagne un vif sentiment d'irritation. Lord John Russel se fit à la Chambre des Communes *(Séance du 25 juin)* l'interprète de ce sentiment :

c'est ainsi qu'après avoir invité le Chef du Foreing-Office à faire connaître l'objet de la mission dont notre escadre était chargée, il terminait son discours en disant que *le nom de l'Amiral auquel avaient été données des instructions excitait toutes les jalousies de l'Angleterre.*

Robert Peel ne voulant point, par une parole imprudente, engager le Cabinet, usa d'équivoque : « Le Gouvernement français, dit-il, a positivement déclaré au Gouvernement britannique qu'il avait le plus vif désir d'éviter les hostilités, et qu'il regrettait de s'y voir contraint ; Il nous communique, avec ses vues générales sur le Maroc, les demandes qu'il adresse à l'Empereur, en y comprenant même les instructions données à l'Amiral. Tel est l'état des choses. Notre Consul général au Maroc, Sir Drummond Hay est aujourd'hui près de Sa Majesté Chérifienne ; il convient d'attendre le résultat des négociations. » — Toute la politique anglaise était dans ce peu de mots ; politique faite de réticences et de sous-entendus. Ce qu'on donnait à entendre, c'est que le Gouvernement de la Reine couvrait nos adversaires de son protectorat ; ce qu'on n'osait pas avouer, c'est que le Ministère avait prescrit à M. Drummond Hay d'user de toute son influence pour amener Abd-er-Rhaman à donner à la France les satisfactions qu'elle réclamait.

L'annonce inopinée de ces négociations provoqua dans Paris une explosion de colères : la presse en prit texte pour attaquer violemment le Président du Conseil, qu'elle accusa de faiblesse et de duplicité, et peu de jours après *(5 juillet)* la question fut portée devant la Chambre.

Ce fut M. Mauguin, député de l'opposition, qui

ouvrit le débat. — Après avoir démontré que la crise actuelle avait pour cause les intrigues d'Ab-el-Kader, il se plut à rendre hommage à la conduite digne et ferme tenue, depuis le commencement de la campagne, par le Commandant en chef de notre armée. Il ne se borna point à approuver, comme légitime et nécessaire l'incursion faite par nos troupes sur le territoire d'Ouchda : il demanda que le maréchal Bugeaud, dans un intérêt de prompte pacification, fut autorisé à marcher en avant; puis, remontant des effets aux causes : « le Ministère, dit-il en forme de conclusion, n'a pas seulement le devoir de faire sentir à Abd-er-Rhaman qu'il va droit à sa perte; il lui appartient encore d'exiger que l'instigateur des troubles soit mis au ban de l'Empire. Il faut que tous ses efforts tendent vers ce but, et s'il agit avec prudence, l'Émir, avant six mois, doit être bien traité dans une des forteresses de la France. »

Le parti légitimiste eut à cœur, en cette circonstance, de s'allier aux membres de l'opposition et l'un de ses représentants les plus autorisés, M. de la Rochejaquelein, rappelant les paroles prononcées par sir Robert Peel, pria le Ministre des Affaires étrangères de fournir à la Chambre, au sujet des instructions données au prince de Joinville, des explications « propres à satisfaire tous les besoins d'honneur pour la France, — besoins d'honneur, ajouta-t-il en s'adressant à ses collègues, auxquels chacun de nous doit veiller, à quelque opinion qu'il appartienne. »

Ces deux discours, écoutés l'un et l'autre avec une faveur marquée, appelaient une réponse : M. Guizot, directement pris à partie, vint à la Tribune justifier le Cabinet.

A première vue, la tâche semblait difficile. — M.

Guizot était, en effet, de tous les Ministres le plus antipathique, comme il en était le plus hautain. Traité avec une froideur dédaigneuse par les royalistes de la branche aînée qui ne lui pardonnaient point sa défection, suspect aux libéraux dont il avait trompé les espérances, il n'avait d'autre soutien dans le Parlement que le parti des conservateurs-bornes ; — parti nombreux, il est vrai, mais qui pouvait se désagréger au premier choc : on l'a vu depuis.

A ces causes de défiance s'en joignait une autre, d'un caractère tout spécial. M. Guizot passait, à tort ou à raison, pour représenter dans le Ministère la politique personnelle du Roi. Or, Louis-Philippe attachant — personne en France ne l'ignorait — un prix inestimable au maintien de l'alliance anglaise, il était à craindre que le Ministre des Affaires étrangères fut amené, sous la menace d'une rupture, à sacrifier les intérêts du pays à ceux de la dynastie. — Ce fut précisément cette crainte que M. Guizot voulut dissiper ; il y parvint à force de franchise et de netteté :

M. Mauguin avait, au cours de la discussion, caractérisé en termes les plus flatteurs la prudence et la fermeté de nos généraux : le Ministre renchérit sur ces éloges. Il précisa, une à une, les causes du conflit, dévoila les projets de l'Emir, et après avoir établi que la démonstration faite contre Ouchda était impérieusement commandée par les attaques incessantes des troupes marocaines, il exposa la politique du Cabinet :

« Le Gouvernement, déclara-t-il (1), n'a sur le Maroc aucune vue de conquête ; il ne forme aucun projet d'agrandissement territorial ; il trouve que le territoire

(1) Voyez *Moniteur universel* numéro du 6 Juillet 1844.

de l'Algérie suffit aux efforts de la France... Tout ce que nous demandons à l'Empereur du Maroc, et ce que nous avons le droit d'en obtenir, c'est la paix et la sécurité de notre frontière.

« Pour avoir cette sécurité, il est indispensable qu'Abd-el-Kader ne puisse plus, à nos portes, rallumer à chaque instant la guerre. Aussi demandons-nous positivement et efficacement :

« Que les rassemblements de troupes formés, spontanément ou par des agents marocains sur notre frontière, soient dispersés ;

« Que les agents qui, contre le droit des gens, nous ont attaqués, soient rappelés et punis ;

« Qu'Abd-el-Kader, — si un souverain musulman se croit tenu de lui donner asile, — soit envoyé dans l'intérieur, sur les côtes de l'Océan, et qu'on lui assigne une résidence fixe.

« Si ces garanties nous sont assurées, nous nous tiendrons pour satisfaits. — Voilà la politique du Gouvernement. »

Répondant ensuite à la demande d'explications formée par M. de la Rochejaquelein au sujet des instructions données au Prince de Joinville, le Ministre ajoutait :

« Les instructions que le Prince a reçues sont conformes, exactement conformes, à la politique que je viens d'exposer. Cette politique, on le voit, n'a rien de secret, rien qu'on ne puisse, qu'on ne doive produire hautement devant les Chambres elles-mêmes. Sans aucun doute l'Angleterre a, sur ce qui se passe dans le Maroc, l'œil attentif : des intérêts graves sont là engagés pour elle. Nous avons agi envers elle, dans cette occasion, comme des gouvernements loyaux, éclairés, sérieux, agissent toujours. Nous lui avons fait connaître d'une manière générale et parfaitement exacte, nos vues, nos intentions : nous les lui avons fait connaître comme nous le faisons connaître aujourd'hui, avec moins de détails que je n'en donne à la Chambre, mais en lui montrant toute la vérité, en lui disant que nous n'avons d'autre dessein que d'obtenir une juste réparation et la sécurité de nos possessions d'Afrique. — C'est notre droit, et nous le ferons prévaloir ! »

Ces déclarations ne laissaient aucun doute sur les intentions du gouvernement : on y applaudit. A Londres, elles furent diversement interprétées et donnèrent lieu à de fougueuses récriminations.

On se rendra facilement compte du mouvement qui se produisit de l'autre côté du détroit, si on se reporte à l'époque dont nous parlons. — En Angleterre, où toute question politique est doublée d'une question commerciale, le principal souci des nationaux est d'augmenter le plus possible le nombre de leurs comptoirs et d'assurer l'écoulement des marchandises que leur marine transporte dans les deux Mondes. Or, le gouvernement français venait de porter un rude coup au commerce britannique en décidant (1) que les navires étrangers paieraient à leur entrée dans les ports d'Algérie un droit de quatre francs par tonneau de jauge, et en imposant d'un droit de trente pour cent *ad valorem* les produits des fabriques etrangères. L'émotion causée par l'application de cette double mesure n'était point encore calmée quand surgit le différent

(1) Ordonnance royale du 16 Décembre 1843.

franco-marocain : elle redoubla lorsqu'on apprit que le Maréchal Bugeaud avait franchi la frontière.

Ce n'était point sans raison que nos voisins se montraient si fortement émus !.. Sans illusions sur l'issue d'une guerre qui, de leur aveu même, ne pouvait que rehausser l'éclat de nos armes, ils en supputaient les conséquences et se demandaient si la France victorieuse n'occuperait point définitivement en face de Gibraltar un des ports de l'Empire ; et ils étaient bien forcés de reconnaître que cette prise de possession aurait pour résultat inéluctable de consolider notre domination dans l'ancienne Régence et de compromettre gravement leurs intérêts commerciaux dans la Méditerranée.

Ces craintes étaient d'ailleurs communes à ceux des hommes d'Etat du Royaume-Uni qui, par instinct secret, ou par traditions, nourrissaient contre la France la haine que lui portaient Pitt et Castelreagh : - Un de ces hommes, et des plus ardents, sir Scheil, député et membre du Conseil privé de la Reine, vint *(Séance du 22 juillet)* soumettre à la Chambre, avec l'expression de ses propres rancunes, les doléances de ses commettants.

Cet honorable gentleman se trouvait encore, en 1844, sous le poids de l'émotion que lui avait causée, en 1830, la prise d'Alger par une armée française. La déchéance d'Hussein-Dey n'était point seulement à ses yeux un acte d'inqualifiable iniquité : c'était, de la part de l'Europe, la reconnaissance tacite du droit qu'avait Charles X de faire aux Barbaresques une guerre de conquête.

Ce fut cette doctrine qu'il affirma : son discours fut d'un bout à l'autre une critique amère du Ministère Tory et, plus particulièrement, de Lord Aberdeen « qui, dit-il, avait commis la faute impardonnable de ne point exiger l'abandon immédiat par la France du territoire algérien. »

Or, Mr Scheil désirait que le passé servît d'enseignement ; — et, dans la crainte où il était que la guerre se terminât, comme en 1830, par une occupation indéfinie du pays envahi, il invita le Gouvernement à rassurer la Chambre sur les dangers que pourraient courir les intérêts de l'Angleterre, en lui faisant connaître l'effectif de ses forces navales dans la Méditerranée.

Cette motion constituait à l'égard de la France un véritable défi ; elle fut, pour cela même, chaudement appuyée par un de nos irréconciliables ennemis, l'amiral Charles Napier. Mais son adoption était grosse de périls : la Chambre la repoussa après une courte discussion à laquelle prirent part Lord John Russel, Lord Palmerston et Sir William Milnes, dont nous aimons à rappeler les paroles prophétiques : « Je crains peu et j'attends beaucoup de l'occupation de l'Algérie, dit cet honorable gentleman, et le moment viendra où la civilisation se propagera en Afrique, même à l'aide de la guerre. »

A quelques jours de là *(25 juillet)*, M. Warnier (1), membre de la Commission scientifique de l'Algérie et

---

(1) M. Warnier était un Algérien de la première heure : en 1837, après le Traité de la Tafna, il faisait partie de la *Mission française* qui résidait à Mascara, et était attaché, en sa qualité de Médecin militaire, à la personne d'Abd-el-Kader. — Membre de la Commission scientifique de l'Algérie en 1844, Directeur des Affaires civiles de la province d'Oran en 1848, Préfet d'Alger en 1870, puis Député du département d'Alger en 1871, il est mort le 15 mars 1875, laissant d'unanimes regrets. — Il fut le rapporteur de la loi du 26 juillet 1873 sur la propriété immobilière en Algérie. — Un des villages créés en 1877 porte son nom.

temporairement attaché au prince de Joinville, remettait au caïd de Larache, Bou Sleman ben Ali, représentant attitré d'Abd-er-Rhaman, l'ultimatum de la France. La réponse ne se fit point attendre : le 4 août, le commandant en chef de l'escadre reçut une dépêche du caïd lui renouvelant, au nom de l'Empereur, « la promesse d'une punition exemplaire des chefs marocains coupables d'agression sur notre territoire, mais sous la condition expresse que le Maréchal Bugeaud serait destitué à raison de l'occupation d'Ouchda. » — Quant au sort réservé à Abd-el-Kader, on y faisait à peine allusion en termes embarrassés et obscurs. — Ainsi ramenée à son point de départ, la question menaçait de s'éterniser : l'Amiral, sans plus attendre, prit ses dispositions de combat.

III. - TANGER

(6 août)

La ville de Tanger est située à l'Est et à quatre kilomètres, environ, du cap Spartel, à l'entrée du détroit de Gibraltar, et s'étend en forme presque carrée sur la pente orientale d'une colline. Il s'y fait un commerce assez considérable ; — population, 17.000 habitants, maures, juifs et nègres.

Les maisons, surmontées de lourdes terrasses, sont basses, irrégulières, d'un style uniforme et bordent des rues étroites pavées de cailloux. Au sommet de la Place, que protégent, à l'Est et à l'Ouest, plusieurs fortins garnis de canon, se dresse la Kasbah, sorte de Château-Fort dont l'une des portes donne sur la campagne. — L'entrée du port est défendue par un certain nombre de batteries dressées, les unes à mi-côte, les autres, au bord de la plage, presque à fleur d'eau, les dernières, sur les mamelons qui dominent le rivage.

Telle elle est aujourd'hui, telle était Tanger en 1844, à cette différence près qu'elle avait alors une garnison nombreuse, 105 pièces d'artillerie de tous calibres, et des magasins amplement approvisionnés de munitions.

Dans ces conditions, on pouvait croire que les habitants opposeraient aux attaques du dehors une énergique résistance. On le crut si bien aux Tuileries que, pour parer à toutes les éventualités, le Ministre de la Marine fit doubler en quelques jours le nombre des bâtiments de l'Etat en station sur la côte du Maroc. Ainsi s'explique la force numérique de notre escadre, qui comprenait : Trois vaisseaux de guerre : le *Suffren*, — le *Jemmapes*, — le *Triton* ; — Une frégate à voiles, — la *Belle Poule* ; — Trois frégates à vapeur : Le *Labrador*, — l'*Asmodée*, — l'*Orénoque* ; — Quatre corvettes à vapeur : — Le *Pluton*, — le *Gassendi*, — le *Véloce*, — le *Cuvier* ; — Onze vapeurs de force moindre ; — Trois bricks de guerre, — trois bagarres, En tout, 28 bâtiments.

En cas de rejet de l'ultimatum transmis à l'Empereur par nos agents diplomatiques, cette escadre devait, à titre de représailles, bombarder les deux principaux ports de l'Empire. -- La réponse faite par Bou-Sleman ayant été considérée comme absolument dérisoire, l'Amiral se mit en mesure d'exécuter les ordres qu'il avait reçus et qui se résumaient en ce peu de mots : « détruire les fortifications extérieures, mais respecter la ville. »

Le 6 août, à la pointe du jour, le *Suffren*, le *Jemmapes*, le *Triton*, la *Belle Poule*, le *Cassard* et l'*Argus*, remorqués par des vapeurs, se mirent en mouvement pour gagner leur poste de combat. — Le *Jemmapes* arriva le premier sur la ligne et, après quelques difficultés, prit position à quelques encâblures de la place ; — Le *Suffren*, que montait l'Amiral, mouilla par six brasses et demie, fond de roche ; L'*Argus* s'embossa à courte portée de canon et le *Cassard* se plaça de manière à battre d'écharpe la batterie de la Marine. Tous les bâtiments à vapeur formèrent une seconde ligne en arrière. — Le *Triton* et la *Belle Poule*, dont la marche était contrariée par le défaut de puissance des remorqueurs et la force des courants, n'entrèrent en ligne que plus tard.

Ces mouvements s'étaient effectués sans que l'ennemi y mit la moindre opposition, bien qu'un millier d'hommes armés se tint sur la plage. — A huit heures et demie, sur le signal que donna le *Suffren* en l'appuyant d'un coup de canon d'honneur, tous les vaisseaux hissèrent le pavillon français à la tête de leurs mâts et lâchèrent leurs bordées.

Les Marocains avaient une artillerie en bon état, habilement servie par des déserteurs espagnols, mais tout-à-fait insuffisante quand au nombre des pièces mises en action. Ils firent d'abord preuve de sang-froid et ripostèrent avec vigueur ; mais il vint un moment où les plus intrépides furent eux-mêmes forcés d'abandonner leurs pièces. — En moins d'une heure, les ouvrages qui protégeaient les remparts s'écroulaient au choc des boulets, et de toutes les batteries, deux seulement restaient debout : l'une, casematée, à la partie supérieure du Fort de la Marine, l'autre, à la Kasbah. Ces deux batteries furent elles-mêmes bientôt réduites : le feu du *Suffren*, dirigé tout entier sur celle de la Kasbah finit par la mettre hors de service et celui du *Jemmapes* fit évacuer l'autre.

Deux forts seulement tenaient encore : l'un, armé de dix pièces et situé à un mille ouest de la pointe de Tanger, — l'autre, sur le bord de la mer, au pied de la montagne sur laquelle s'élève le phare. Le *Triton*, remorqué par le *Cocyte*, alla se placer à portée de mitraille du premier et, d'une seule décharge, l'écrasa presque entièrement ; La *Belle Poule* démentela le second. Ce fut le dernier épisode de la bataille : A onze heures, nos vaisseaux avaient terminé leur œuvre de destruction.

Le quartier « franc », — celui où résident les Consuls, avait été scrupuleusement respecté, mais la partie du quartier maure adossée aux fortifications, audessous de la Kasbah, n'offrait plus qu'un monceau de ruines : on en pouvait mesurer l'étendue aux lueurs sinistres des incendies allumés sur divers points par les fusées à la congrève que le *Rubis* avait lancées sur la ville.

Les pertes subies par l'escadre furent presque nulles : le rapport de l'Amiral accusa 3 morts et 17 blessés. Celles de l'ennemi furent évaluées à 150 hommes tués et 400 blessés, mais ce nombre eût été sensiblement moindre sans la circonstance que voici :

Au premier coup de canon tiré par le *Suffren*, les femmes, les enfants et les vieillards, pris d'une indicible terreur, voulurent sortir de la place ; il fallut leur ouvrir les portes. Aussitôt, des masses de Kabyles, pour qui le bombardement était espérance de butin, firent irruption dans la ville et se mirent à piller les maisons. Les cavaliers maures échelonnés sur le plateau, d'où ils surveillaient la plage, accoururent au galop pour faire cesser ce brigandage : les Kabyles résistèrent et, dit une correspondance du temps, « chaque rue devint un champ de bataille ; partout retentissait la fusillade entre les soldats et les pillards, pendant que les boulets français détruisaient les forts et tuaient leurs défenseurs. »

Quand le bombardement fut achevé, l'escadre revint au mouillage, à côté des bâtiments Anglais, Espagnols, Sardes, Danois et Américains, qui avaient assisté à toutes les phases de la lutte : son triomphe fut acclamé par la plupart d'entre-eux. Les Danois, plus particulièrement, témoignèrent de leur vive sympathie : « ils suivaient attentivement tous les mouvements de la flotte et battaient des mains à chaque manœuvre hardie, à chaque coup heureux. Un de nos vapeurs ayant endommagé le beaupré d'une de leurs corvettes : — « Allez, crièrent les officiers, ce n'est rien ; vivent les Français, vive la France !.. Et les matelots, debout sur les vergues, répétèrent ces hourras. »

Les Anglais montrèrent plus de réserve : M. Drummont Hay qui, le matin même, était arrivé de Rabat, à bord du *Vésuvius*, s'efforça de faire oublier la froideur calculée de ses compatriotes : avant la tombée de la nuit, il adressait à l'Amiral ses respectueuses félicitations pour le succès de nos armes, et ses remerciements personnels (1) pour la sollicitude dont il avait été l'objet de la part du Prince.

La journée du 7 fut employée à mettre les navires en état de prendre la mer ; — le lendemain, à quatre heures du matin, la flotte faisait route pour Mogador, où elle arrivait le 11 par une forte brise et une mer houleuse.

---

(1) Le prince de Joinville avait attendu pour commencer les hostilités que le Consul général d'Angleterre eût quitté le territoire marocain.

IV. - ISLY

(14 Août)

Tandis que le prince de Joinville détruisait Tanger, le Maréchal Bugeaud appelait à lui la colonne du général Bedeau (3 bataillons d'infanterie et 6 escadrons) qui parcourait le Sud-Ouest pour couper toute communication entre Abd-el-Kader et les tribus du Tell, et il enjoignait au colonel Eynard, alors à Tlemcen avec 2 escadrons du 4e hussards, de le rallier au plus vite.

De jour en jour, en effet, la situation devenait plus menaçante. Muley-Mohamed se tenait en avant d'Ouchda avec 25.000 cavaliers, 10.000 fantassins et 19 pièces d'artillerie : il annonçait hautement qu'il allait exterminer en masse les maîtres de la Régence, promettait à ses troupes de les conduire au sac de Tlemcen et d'Oran et leur montrait en perspective la conquête prochaine d'Alger. Ces promesses enivrantes avaient eu pour effet de pousser les gens du Riff à se joindre à l'armée marocaine et d'accentuer sur certains points l'hostilité, jusqu'alors contenue, d'un certain nombre de cheicks qui n'attendaient qu'un signe de l'Émir pour se tourner contre nous.

Le Maréchal se rendait si bien compte des périls dont il était environné qu'il écrivait, le 13 août, au Ministre de la guerre : « J'ai jugé que nous ne pouvions rester plus longtemps sur la défensive sans de graves dangers. Le plus petit de tous, c'est que l'ennemi se renforce tous les jours. Mais ce qui est surtout à craindre, c'est que, nombreux comme il est, il ne fasse des détachements sur mes flancs pour aller soulever le pays derrière moi. Il est à redouter aussi qu'une plus longue expectative ne fasse cesser la bonne volonté des tribus qui font mes convois. »

Dans cette dépêche, datée du camp de l'Oued-Derfou, où la colonne du général Bedeau était arrivée la veille, Bugeaud indiquait, point par point, le plan qu'il avait adopté : « Mon armée, écrivait-il en forme de conclusion, est pleine de confiance et d'ardeur ; elle compte sur la victoire, tout comme son général. Si nous l'obtenons, ce sera un nouvel exemple que le succès n'est pas toujours du côté des gros bataillons, et l'on ne sera plus autorisé à dire que la guerre n'est qu'un jeu de hasard. »

Et c'était vraiment à bon droit que le vieux tacticien déclarait être plein de confiance en ses soldats : le spectacle auquel il avait assisté la nuit précédente, — véritable fête de famille donnée en son honneur par toutes les troupes réunies, — lui prouvait assez qu'il existait entre les différents corps placés sous ses ordres une égale émulation et un même esprit d'étroite solidarité.

Cette fête eut un caractère particulier qu'il convient de mettre en relief parce qu'elle retrace très exactement, croyons-nous, l'état moral de nos troupes à la veille de la bataille qu'elles allaient livrer :

La guerre d'Afrique, telle qu'elle était faite depuis la première expédition contre Blida, différait du tout au tout des guerres ordinaires dont, bien souvent, le résultat se décide en quelques heures : — En Europe, par exemple, il suffit d'une défaite pour amener l'écrasement d'un peuple, et la durée d'une campagne se prolonge rarement au delà de cinq ou six mois. En Algérie, il devait en être différemment :

Dans ce pays, alors presque inconnu, où nous n'avions pénétré et où nous ne nous maintenions que par la force, pas d'armée régulière à combattre, — mais, ici et là, tantôt sur un point, tantôt sur un autre, quand ce n'était pas sur plusieurs à la fois, une collectivité d'individus armés pour la défense de leurs foyers et suppléant par le courage et la ruse aussi bien à l'infériorité de leur armement qu'à leur manque de tactique et de cohésion. Ce n'était plus, pour nos soldats, la guerre d'ensemble en rase campagne, celle dont le succès dépend presque toujours de manœuvres stratégiques habilement conçues et résolument conduites ; mais une série presque ininterrompue de combats partiels qui commençaient par une fusillade et qui se terminaient ordinairement par une lutte d'homme à homme, à l'arme blanche.

C'est ainsi que nous avancions dans l'intérieur, étape par étape, prenant une ville après l'autre, entamant la grande Kabylie et passant du Tell aux Hauts-Plateaux. Or, pour la première fois depuis quatorze ans, nos troupes se trouvaient en face d'une véritable armée, forte de 40.000 hommes parfaitement équipés et dont l'artillerie, tirée des ateliers de Wolwich, était, disait-on, servie par des rénégats espagnols évadés des présides.

Pour tenir tête à cette masse de combattants et la désagréger, Bugeaud n'avait avec lui que 8.500 hommes d'infanterie, 1.800 chevaux et 16 bouches à feu ; mais fantassins et cavaliers étaient faits de longue date à leur rude métier et se montraient d'autant plus résolus à vaincre que la victoire leur serait plus chèrement disputée. — Leur impression se traduisit sous une forme toute française :

Le 12 au soir, dès que les deux colonnes eurent fait leur jonction, toutes les troupes, unies dans une même pensée, se concertèrent pour offrir au général en chef un témoignage de leur inébranlable confiance. En un clin d'œil, les rives du Derfou, qu'ombrageaient de magnifiques lauriers-roses, furent transformées en un parterre éclairé, d'un bout à l'autre, par des fusées volantes « et la flamme bleue de quarante gigantesques gamelles de punch illumina le camp de reflets fantasques. » — Quand le Maréchal s'approcha de la table où l'État-Major l'attendait, officiers et soldats le saluèrent à l'envi de hourras frénétiques, ainsi qu'on acclame, aux heures suprêmes, celui sur qui reposent les espérances de la Patrie.

Ce fut un spectacle étrange et touchant. Tandis que les soldats, insouciants du lendemain, s'ingéniaient à qui mieux mieux à donner à cette fête improvisée sa signification véritable et jetaient aux échos sonores les gais refrains de la caserne, — Bugeaud, assis au milieu du cercle que formaient les officiers, traçait à ses Lieutenants la conduite qu'ils auraient à tenir en face des Marocains. Il les exhortait au calme et au sang-froid, leur recommandait de se défier de leur ardeur, de contenir celle de leurs hommes et les adjurait, au nom de l'honneur militaire et du salut commun, de se prêter de régiment à régiment, s'il en était besoin, un mutuel et secourable appui. Sa voix avait d'irrésistibles accents ; bientôt, l'émotion qui s'était emparée de l'auditoire fit place à un indicible enthousiasme; et, spontanément, comme pour sceller le serment tacite que chacun prenait à l'égard des autres, toutes les mains s'unirent dans une étreinte fraternelle. Bugeaud se retira le visage radieux, certain d'avoir été compris et pleinement convaincu qu'avec de tels auxiliaires il pourrait tout entreprendre.

Le lendemain (13), dans l'après-midi, la colonne leva

le camp dans l'ordre de bataille que le Maréchal avait prescrit et qu'on devait rigoureusement conserver. Les troupes (1) étaient ainsi réparties :

Maréchal Bugeaud, Commandant en chef ;

Général La Moricière, commandant en second ;

COLONNE DE DROITE *(général Bedeau)* : — Un bataillon de zouaves ; 13e et 15e léger ; 9e bataillon de chasseurs d'Orléans ;

COLONNE DE GAUCHE *(Colonel Pelissier)* : — Trois bataillons du 48e de ligne ; 6e léger ; 10e bataillon de chasseurs d'Orléans ;

TÊTE DE COLONNE *(Colonel Cavaignac)* : — 32e et 41e de ligne ; 53e et 58e de ligne ; 8e bataillon de chasseurs d'Orléans.

ARRIÈRE-GARDE *(Colonel Gachot)* : 3e léger ; 3e bataillon de chasseurs d'Orléans.

En tout, 18 bataillons, formées en 18 carrés, chacun des côtés du carré comportant l'effectif d'une compagnie, — la cinquième compagnie en réserve, au centre, pour se porter aux points qu'attaquerait l'ennemi. — Ces 18 carrés se formaient eux-mêmes en un vaste losange au centre duquel était disposée la cavalerie, composée de 19 escadrons tirés des 1er, 2e et 4e régiments de chasseurs d'Afrique, du 2e régiment de hussards, des spahis et du maghzen des douairs et zmélas, réunis sous le commandement du colonel Tartas. Cette masse de cavaliers était divisée en deux brigades, l'une, à l'aile droite, sous les ordres du colonel Morris ; l'autre, à l'aile gauche, sous les ordres du colonel Jusuf ; — L'artillerie, commandée par le capitaine Bonami, était placée aux angles.

L'armée fut ainsi portée à quatre lieues en avant, précédée de fourrageurs, sans que l'ennemi soupçonnât

---

(1) Les régiments dont nous indiquons le numéro n'avaient fourni, pour la plupart, qu'une partie de leur effectif : les uns, un, deux ou trois bataillons ; les autres, quelques compagnies seulement. Il en était de même pour la cavalerie.

son mouvement offensif. A la tombée de la nuit, elle campa dans l'ordre de marche, en silence et sans feu. A deux heures du matin, elle se remit en marche. A partir de ce moment, les événements se précipitent, et pour conserver à chaque phase de la bataille sa physionomie propre, nous laissons la parole au Maréchal Bugeaud :

« Je passai une première fois l'Isly, au point du jour, sans rencontrer l'ennemi. Arrivé à huit heures du matin sur les hauteurs du Djarf-el-Akhdar, nous aperçumes tous les camps marocains encore en place, s'étendant sur les collines de la rive droite. Toute la cavalerie qui les composait s'était portée en avant pour nous attaquer au second passage de la rivière. Au milieu d'une grosse masse qui se trouvait sur la partie la plus élevée, nous distinguâmes parfaitement le groupe du fils de l'Empereur, ses drapeaux et son parasol, signe de commandement.

« Ce fut le point que je donnai au bataillon de direction de mon ordre échelonné. Arrivés là, nous devions converger à droite et nous porter sur les camps, en tenant le sommet des collines avec la face gauche de mon carré de réserve. Tous les chefs des diverses parties de mon ordre de combat étaient près de moi : je leur donnai rapidement mes instructions, et après cinq ou six minutes de halte nous descendîmes sur les gués, au simple pas accéléré et au son des instruments.

« De nombreux cavaliers défendaient le passage ; ils furent repoussés par mes tirailleurs d'infanterie, avec quelques pertes des deux côtés, et j'atteignis bientôt le plateau immédiatement inférieur, à la bute la plus élevée, où se trouvait le fils de l'Empereur. J'y dirigeai le feu de mes quatre pièces de campagne, et à l'instant le plus grand trouble s'y manifesta.

« Dans ce moment, des masses énormes de cavalerie sortirent des deux côtés de derrière les collines, et assaillirent à la fois mes deux flancs et ma queue. J'eus besoin de toute la solidité de mon infanterie ; pas un homme ne se montra faible. Nos tirailleurs, qui n'étaient qu'à cinquante pas des carrés, attendirent de pied ferme ces multitudes, sans faire un pas en arrière ; ils avaient ordre de se coucher par terre si la charge arrivait jusqu'à eux, afin de ne pas gêner le feu des carrés. Sur la ligne des angles morts des bataillons, l'artillerie vomissait la mitraille.

« Les masses ennemies furent arrêtées et se mirent à

tourbillonner. J'accélérai leur retraite, et j'augmentai leur désordre en retournant sur elles mes 4 pièces de campagne qui marchaient en tête du système. Dès que je vis que les efforts de l'ennemi sur mes flancs étaient brisés, je continuai ma marche en avant. La grande butte fut enlevée et la conversion sur les camps s'opéra.

« La cavalerie de l'ennemi se trouvant divisée par ses propres mouvements et par ma marche qui la coupait en deux, je crus le moment venu de faire sortir la mienne sur le point capital, qui, selon moi, était le camp, que je supposais défendu par l'infanterie et l'artillerie. Je donnai l'ordre au colonel Tartas d'échelonner ses 19 escadrons par la gauche, de manière à ce que son dernier échelon fut appuyé à la rive droite de l'Isly.

« Le colonel Jusuf commandait le premier échelon, qui se composait de six escadrons de spahis, soutenus de très-près en arrière par 3 escadrons du 4e chasseurs.

« Ayant sabré bon nombre de cavaliers, le colonel Jusuf aborda cet immense camp, après avoir reçu plusieurs décharges de l'artillerie ; il le trouva rempli de cavaliers et de fantassins qui disputèrent le terrain pied à pied. La réserve des trois escadrons du 4e chasseurs arriva ; une nouvelle impulsion fut donnée, l'artillerie fut prise et le camp fut enlevé.

« Il était couvert de cadavres d'hommes et de chevaux. Toute l'artillerie, toutes les provisions de guerre et de bouche, les tentes du fils de l'Empereur, les tentes de tous les chefs ; les boutiques de nombreux marchands qu'accompagnaient l'armée, tout, en un mot, resta en notre pouvoir. Mais ce bel épisode de la campagne nous avait coûté cher : 4 officiers de spahis et une quinzaine de spahis et de chasseurs y avaient perdu la vie ; plusieurs autres étaient blessés.

« Pendant ce temps, le colonel Morris, qui commandait les 2e et 3e échelons, voyant une grosse masse de cavalerie qui se précipitait de nouveau sur mon aile droite, passa l'Isly pour briser cette charge en attaquant l'ennemi par son flanc droit. L'attaque contre notre infanterie échoua comme les autres, mais alors le colonel Morris eut à soutenir le combat le plus inégal.

« Ne pouvant se retirer sans s'exposer à une défaite, il résolut de combattre énergiquement jusqu'à ce qu'il lui arrivât du secours. Cette lutte dura plus d'une demi-heure : ses six escadrons furent successivement engagés, et à plusieurs reprises; nos chasseurs firent des prodiges de valeur ; trois cents cavaliers tombèrent sous leurs coups.

« Enfin, le général Bedeau, commandant l'aile droite, ayant vu l'immense danger que courait le 2e chasseurs, détacha le bataillon de zouaves, un bataillon du 15e léger et le 10e bataillon de chasseurs d'Orléans pour attaquer l'ennemi du côté des montagnes ; ce mouvement détermina sa retraite. Le colonel Morris reprit l'offensive et exécuta plusieurs charges heureuses dans la gorge par où il se retirait. Cet épisode est un des plus vigoureux de la journée : 550 chasseurs du 2e combattirent 6.000 cavaliers ennemis. »

Complétons ce récit : Muley-Mohamed, qui était parvenu à rallier sur la rive gauche de l'Isly huit ou dix mille cavaliers de la garde noire, crut pouvoir réparer sa défaite et, suivi de cette troupe d'élite, il s'élança dans la direction du camp, d'où il croyait chasser les bataillons qui s'y étaient installés à la suite des premiers échelons de cavalerie.

Bugeaud ne lui donna pas le temps de mettre ce projet à exécution : sur son ordre, l'infanterie, aussitôt rassemblée, passa une troisième fois l'Isly et se porta au pas de course au-devant de l'ennemi pour lui barrer la route. — En même temps, la brigade Jusuf débouchait par la gauche et recommençait l'attaque. Ce dernier combat dura quelques minutes seulement : la charge exécutée par nos chasseurs et nos spahis fut si furieusement menée que les marocains, sourds à la voix de leurs chefs, se débandèrent au premier choc et s'enfuirent bride abattue, partie par la route de Fez, partie par les vallées qui conduisent aux montagnes des Beni-Snassen. — De l'armée de Muley-Mohamed, plus rien ne restait : tout avait disparu.

Il était alors midi, et la chaleur devenait suffocante. Les troupes, qui se battaient depuis le matin, étaient exténuées de fatigue : le Maréchal les ramena dans le camp.

Le soir même, Bugeaud rendit compte au Ministre

de la guerre du résultat de la journée. Selon son habitude, il annonça sa victoire en termes sobres et mesurés. Sa dépêche, qu'il data du bivouac de Koudiat-Abderrahman, était ainsi conçue :

« Ayant marché sur l'armée marocaine qui devenait chaque jour plus forte et plus menaçante pour l'Algérie, je l'ai rencontrée, le 14, à deux lieues en avant de son camp.

« Elle a pris l'offensive avec 20.000 chevaux, au moment où nos têtes de colonnes passaient l'Isly. Nous avons été enveloppés de toutes parts : la victoire la plus complète nous est restée. Notre infanterie, d'une extrême solidité, et, un peu plus tard, notre cavalerie ont fait des prodiges de valeur. Nous avons pris successivement tous les camps, qui couvriraient un espace de plus d'une lieue.

« Onze pièces de canon, seize drapeaux, 1.000 à 1.200 tentes, dont celle du fils de l'Empereur, son parasol, signe de commandement, tout son bagage personnel, une grande quantité de munitions de guerre et un butin immense sont restés en notre pouvoir.

« L'ennemi a laissé environ 800 morts sur le champ de bataille. — Nos pertes, quoique sensibles sont légères pour une journée aussi capitale, que nous nommerons la bataille d'Isly. »

Nos pertes, il est vrai, étaient peu considérables : elles se chiffraient par 27 tués et 96 blessés : on a donc pu dire, — avec ou sans malice — que la journée d'Isly avait été plus brillante que meurtrière.

Mais l'importance d'une victoire se mesure moins aux pertes subies qu'aux conséquences politiques et morales qu'elle détermine : considérée à ce seul point de vue, la bataille d'Isly tient une place à part dans l'Histoire de l'armée d'Afrique ; et la France eut le droit de glorifier un succès presque inespéré, dont l'Europe s'inquiéta et qui fut, le lendemain même, si dignement couronné par notre escadre.

V. - MOGADOR

(15 Août)

Mogador, que les Indigènes désignent communément sous le nom de *Souheïra*, est située par 31 degrés 32' latitude Nord et 11° 55' longitude Ouest de Paris, sur une presqu'île très basse, battue de tous côtés par les vagues.

Créée vers le milieu du dernier siècle (1760) par le Chériff si Mohammed, qui en fit le centre du commerce maritime de l'Empire, à cinquante lieues de Maroc, elle se distingue des autres villes Arabes par l'élégance de ses habitations et la propreté de ses rues qui, presque toutes, sont tirées au cordeau. — Par une singularité dont on ne trouvera d'exemple dans aucun pays, elle fait partie du domaine privé de l'Empereur, qui perçoit à son profit les revenus de la Douane et loue aux particuliers les maisons et les terrains.

A 1.200 mètres Sud-Ouest du débarcadère s'élève une île, ou, plus exactement, un îlot, qui a près de six kilomètres de circonférence et qui ferme le port. — Les navires de commerce mouillent sur la côte orientale de cet îlot, et c'est par le moyen de canots qu'ils communiquent du port à la ville.

En 1844, Mogador avait une population de 14.000 âmes. Elle était complètement entourée d'un mur d'enceinte haut de dix mètres et couronné de créneaux dans toute sa longueur. Le système de fortifications dressées devant le quartier de la Marine comprenait un rempart en lignes brisées, qui se reliait à la Kasbah et était flanqué, au N.-O. et au S.-E., de tours et de batterie casematées.

L'île était défendue par cinq forts, ou *bordjs*, garnis de canons : le bordj *El Marisi*, qui faisait face à la ville et protégeait le débarcadère de l'île ; — le bordj *Djama*, adossé à une élégante mosquée dont il portait le nom ; — le bordj *Muley ben Nacer*, battant la passe Ouest de la rade ; — le bordj *Delimi*, qui battait le mouillage extérieur de l'île ; — le bordj *Faraoun*, battant la passe Est.

La flotte était arrivée le 11 août devant Mogador, après une traversée des plus pénibles : pendant les trois jours qui suivirent, les vaisseaux restèrent mouillés au large sans pouvoir communiquer entre eux, tant la mer était mauvaise. Enfin, le 15, le temps s'embellit et, vers les deux heures, au signal donné par l'Amiral, tous les bâtiments se mirent en marche.

Le *Triton* laissa tomber son ancre à 700 mètres à l'Ouest de la ville et en face des batteries de la marine ; le *Suffren* et le *Jemmapes* venaient ensuite. Ce dernier se rangea près du *Triton* ; — le *Suffren* prit poste dans la passe du Nord, battant d'écharpe les deux batteries de la Marine, et de front un fortin dressé sur un îlot, à l'entrée de la passe.

Dès qu'ils furent embossés, les trois vaisseaux commencèrent le feu ; aussitôt après, ordre fut donné à la frégate la *Belle Poule* et aux bricks le *Cassard*, le *Volage* et l'*Argus* d'entrer dans le port. La frégate devait combattre les batteries de la Marine, et les bricks, celles de l'île.

Le bombardement dura deux heures, sans que le feu

discontinuât de part ni d'autre. Les navires tiraient à plein fouet sur le front des fortifications et sur les ouvrages détachés ; les Marocains ripostaient de toutes leurs pièces. C'était une véritable grêle de boulets et d'obus. — Peu-à-peu, cependant, l'artillerie de la ville ralentit ses coups : à cinq heures, ses formidables batteries étaient pour la plupart démontées et leurs canonniers battaient en retraite.

L'île seule tenait encore : le bateau à vapeur le *Pluton*, le *Gassendi* et le *Phare*, portant ensemble un détachement de 500 hommes s'avancèrent, sous une vive fusillade, vers le débarcadère : à cinq heures et demie, la troupe débarquait avec une partie des équipages et, gravissant à la course une pente assez raide, enlevait la première batterie sous les yeux de l'Amiral, qui avait voulu prendre sa part du danger.

L'île était défendue par 320 soldats, maures et Kabyles, détachés de la garnison de Mogador et choisis parmi les plus résolus : attaqués avec furie, chassés à la baïonnette des positions qu'ils occupaient et poursuivis de broussaille en broussaille, ces hommes se défendirent en désespérés : 180 d'entre eux furent tués ; les autres se réfugièrent dans la mosquée et en barricadèrent l'issue. C'était un siége à faire. Les marins de l'*Argus* et du *Pluton* enfoncèrent la porte à coups de canon et pénétrèrent dans les couloirs : la lutte continua jusqu'au moment où l'Amiral, voulant éviter un massacre inutile, fit sonner la retraite. — On cerna la mosquée et les troupes bivaquèrent. Les vaisseaux retournèrent au mouillage, à l'exception de la *Belle Poule* qui resta dans la passe et, durant toute la nuit, tira à intervalles inégaux sur les batteries de la Marine pour empêcher qu'on ne vînt les réparer.

Nos pertes, dans cette seule journée, s'élevèrent à

14 tués et 64 blessés. Parmi les bâtiments qui prirent part à l'action, le *Jemmapes*, le *Triton*, le *Volage* et le *Suffren* furent particulièrement maltraités.

Le 16, aux premières lueurs du jour, le détachement qui cernait la mosquée reprit les armes, mais il n'eut point à en faire usage. Les assiégés se rendirent à merci. On en compta 140, dont 35 blessés. — Tous s'étaient bravement battus ; l'Amiral leur en tint compte. Au lieu d'en faire des prisonniers de guerre, il les rendit à la liberté et donna l'ordre à M. Warnier de les ramener à terre. Les chefs marocains se montrèrent touchés de cet acte de miséricorde : en témoignage de reconnaissance, le Gouverneur de Mogador fit aussitôt conduire à bord du *Rubis* une vingtaine de sujets anglais au nombre desquels se trouvait, avec sa famille, le vice-consul sir Wilshire, qu'il avait gardé comme ôtage malgré les pressantes réclamations des officiers du *Vésuvius*.

Le prince de Joinville eût pu s'en tenir aux succès de la veille : il lui parut cependant indispensable de ruiner de fond en comble ceux des ouvrages qui n'étaient qu'entamés, et il décida qu'une pointe serait faite sur la ville :

Une colonne de 600 hommes, dont il prit la direction, débarqua sous la protection des feux du *Pandour* et de l'*Asmodée* et gagna rapidement le quartier de la Marine. Elle y pénétra sans coup férir : tous les postes étaient déserts. « Aussitôt, dit un témoin de cette scène, les troupes se mettent à l'œuvre : les magasins à poudre sont noyés, les remparts abattus, les canons encloués et roulés à la mer. C'étaient des pièces de bronze magnifiques, moitié anglaises, moitié espagnoles. L'une d'elles était un chef-d'œuvre de l'art ;

son affût, également en métal, représentait un lion en pleine course : les quatre pattes de l'animal formaient les quatre roues ; sa tête portait la pièce. » Les magasins de la Douane étaient encombrés de marchandises de toutes sortes : on les y laissa, dans la crainte que le feu ne gagnât trop vite d'immenses approvisionnements de poudre et de bombes réparties dans les casemates des forts.

Quand tout ce quartier ne présenta plus qu'un amas de décombres, la colonne regagna ses vaisseaux. — A peine avait-elle quitté le rivage que plusieurs tribus Kabyles se jetèrent dans la ville et la mirent à sac, après en avoir expulsé la garnison.

De la coquette *Souheïra,* dont Muley-Abd-er-Rhaman avait fait sa résidence favorite, il ne restait plus que des murailles criblées de boulets et noircies par la fumée : — l'escadre n'ayant plus rien à détruire appareilla le 22 août (1), partie pour Cadix et partie pour Tanger, où le prince de Joinville devait attendre le résultat des négociations ouvertes entre les deux gouvernements au lendemain même de la bataille d'Isly.

VI.

Cette courte et brillante campagne eut pour principal résultat de fixer l'attention de l'Europe sur la solidité

(1) Quelques vapeurs restèrent pour fermer l'entrée du port, et un bataillon de 500 hommes fut commis à la garde de l'île, — celle-ci fut évacuée le 17 septembre, après la signature du traité de paix. L'équipage de la *Belle-Poule* encloua les canons pris à l'ennemi et brisa leurs affûts. Tout ce qui ne pouvait être enlevé fut livré aux flammes.

de nos équipages et de nos troupes de terre : — il nous est même permis de dire qu'elle replaça notre armée navale au rang dont elle était quelque peu descendue.

Ce n'est pas que le bombardement des ports marocains offrit d'insurmontables difficultés ; non : Mogador et Tanger n'étaient point des places de guerre, et on savait d'avance que malgré l'épaisseur de leurs murailles et le courage de leurs défenseurs elles seraient promtement réduites ;

Mais, bien qu'ayant eu à lutter presque chaque jour soit contre la violence des vents, soit contre une mer furieuse, notre flotte avait constamment manœuvré avec une remarquable précision ; et les troupes, — chefs et soldats, — avaient montré tant de sang-froid, de discipline et de résolution, que la situation de notre marine, au regard de celle des autres puissances, s'en trouva aussitôt rehaussée.

L'Italie, le Danemarck et la Suède se plûrent à le reconnaître ; — en Angleterre, on en eut quelque dépit et il fallut même que le vice-amiral Owen, commandant la flotte de S. M. Britannique dans les eaux du Maroc, rappelât au sentiment des convenances et de l'équité quelques-uns des officiers placés sous ses ordres, particulièrement ceux du *Warspite* (1), auteurs présumés d'articles publiés dans le *Times* et dans le *Gibraltar-chronicle,* et qui étaient véritablement injurieux pour nos équipages.

La victoire d'Isly ne fut point seulement considérée

(1) Le capitaine du *Warspite,* sir Wallis, accompagné d'un officier d'artillerie, se rendit *(6 septembre)* auprès de M. Bréo Consul de France à Gibraltar, pour protester *officiellement* contre ces correspondances.

comme un glorieux fait d'armes : elle servit d'enseignement à notre armée d'Afrique, en ce sens qu'elle démontra, suivant l'expression même du Maréchal Bugeaud, « que les multitudes désordonnées ne tirent aucune puissance de leur nombre. » Or, cette preuve était encore à faire en Algérie, où, depuis le combat de Staouëli, nos troupes n'avaient rencontré que des ennemis le plus souvent insaisissables ;

Elle eut pour effet immédiat d'abaisser l'orgueil des Marocains dont la politique faisait, depuis trop longtemps, échec à la nôtre, et de mettre un terme à l'agitation provoquée dans l'Ouest par les partisans d'Abd-el-Kader ; du même coup, en assurant la paix, tout au moins pour quelques années, elle rendit aux colons la confiance qu'ils avaient perdue ;

Elle eut surtout ce résultat inestimable de démontrer à la France que notre domination dans l'ancienne Régence était définitivement assise, et de décider les immigrants à se rendre en Algérie non plus pour y chercher aventure, mais pour s'y établir à poste fixe et féconder par leur travail la terre qu'ils venaient épouser. La Colonisation devint l'objectif du Gouvernement général et prit un développement inespéré ; voici deux chiffres qui l'attestent : du mois de septembre 1844 au 31 décembre de l'année suivante, **18** villages furent créés dans les trois provinces et la population européenne augmenta des deux cinquièmes. L'élan était donné.

Mais il faut bien le reconnaître, le traité de paix conclu, le 10 septembre, au nom de leurs gouvernements respectifs, par le Pacha de Larache et Mrs Glucksberg et de Nyon, fut pour nous une véritable duperie : Abd-el Kader était simplement mis hors la loi et l'on n'exigeait du Maroc ni indemnité de guerre, ni cession d'un seul point de son territoire.

La campagne nous avait coûté vingt millions : il eût été juste que le Maroc les remboursât : le Ministère en jugea différemment et la France, que M. Guizot disait être « assez riche pour payer sa gloire » en supporta seule les frais.

Ce fut une faute inexcusable : Aujourd'hui, comme en 1844, notre frontière est, en effet, toute grande ouverte aux tribus pillardes du Riff, et si l'état politique du Nord de l'Afrique était, un jour ou l'autre, soumis à de nouvelles complications, la campagne d'Isly serait probablement à recommencer !...

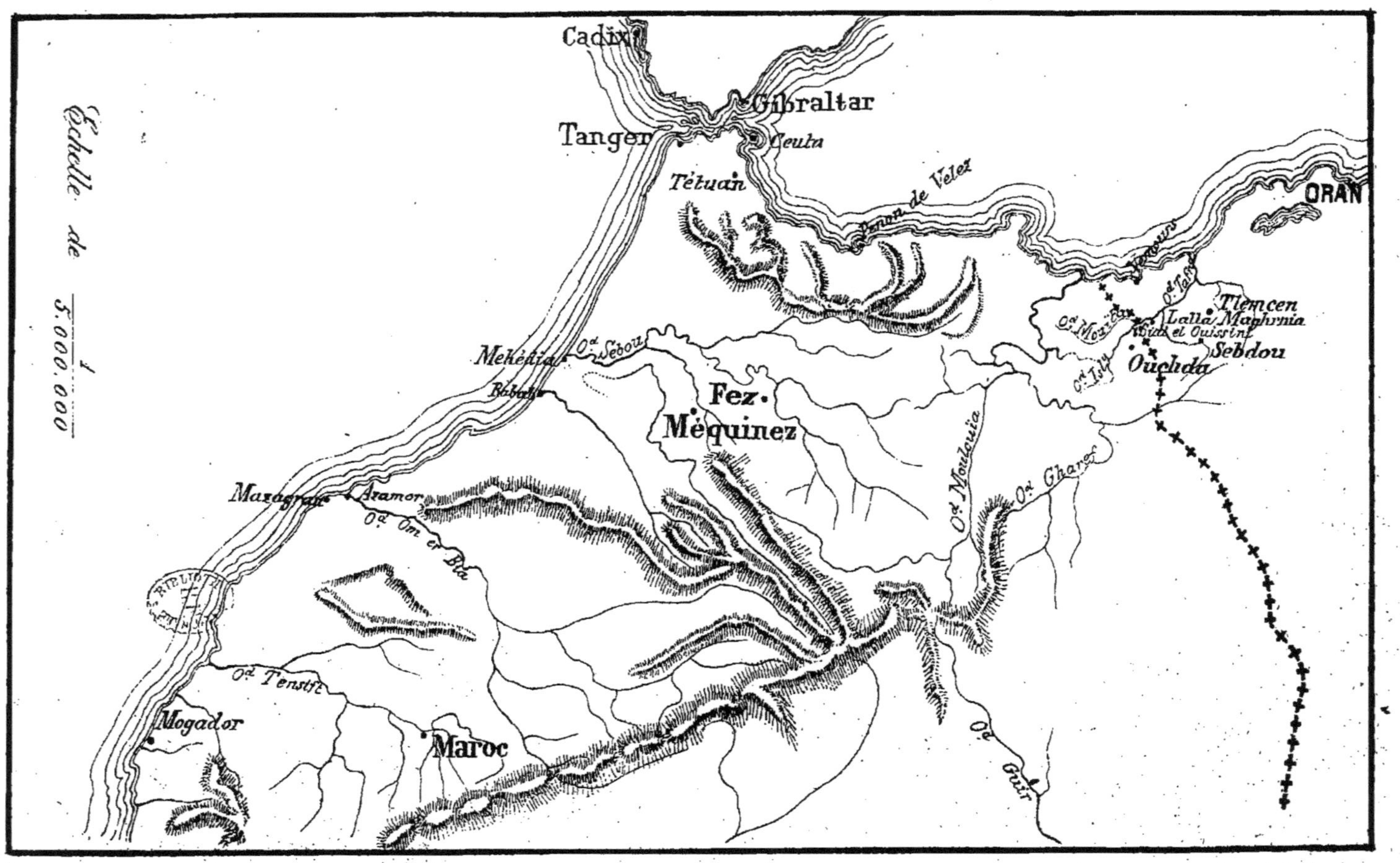
Cadix
Gibraltar
Tanger
Ceuta
Tétuan
Penon de Velez
ORAN
Tlemcen
Lalla Maghrnia
Sebdou
Ouchda
Od Sebou
Mehédia
Rabat
Fez
Méquinez
Od Moulouia
Od Ghares
Mazagran
Azamor
Od Om er Bia
Od Tensift
Mogador
Maroc
Od Guir
Echelle de 1/5.000.000

6

www.ingramcontent.com/pod-product-compliance
Ingram Content Group UK Ltd.
Pitfield, Milton Keynes, MK11 3LW, UK
UKHW012115240726
13965UKWH00004B/1790

9 782013 028332